Jan Niklas Meier

Wir und die *Anderen*

Über den Autor:
Jan Niklas Meier hat in Hannover Geschichte und Germanistik studiert. Seit seinem Abschluss forscht er an der Freien Universität Berlin zu Darstellungsformen des Monströsen. Im Oldib-Verlag liegen von ihm vor: »Zombie. Einführung« (2017) sowie »Verwandlungen. Der Werwolf in der neueren deutschen Phantastik« (2015).

Wir und die *Anderen*

Kannibalismus und Transgression

Ein Essay von

Jan Niklas Meier

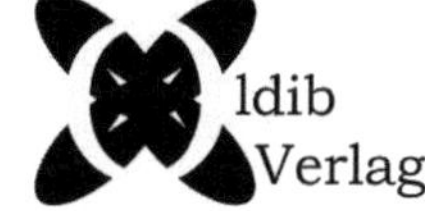

Bibliographische Information der Deutschen Nationalbibliothek: Die Deutsche Nationalbibliothek verzeichnet diese Publikation in der Deutschen Nationalbibliographie; detaillierte bibliographische Daten sind im Internet über http://dnb.ddb.de abrufbar.

Waldeck 14, 45133 Essen
www.oldib-verlag.de, info@oldib-verlag.de
Titelbild: Mark Freier, München
Druck: BoD, Norderstedt

ISBN: 978-3-939556-65-7

Heute treff' ich einen Herrn
Der hat mich zum Fressen gern
Weiche Teile und auch harte
Stehen auf der Speisekarte

RAMMSTEIN, MEIN TEIL

Inhaltsverzeichnis

Ein Fall von Kannibalismus

Ein gut gekleideter, arrivierter Herr mittleren Alters steht in der Küche und bereitet sich sein Abendessen. Der Raum ist sauber, wirkt beinahe klinisch steril und hat doch etwas von einem Tempel. Vielleicht entsteht dieses Gefühl durch das Verhalten des Kochs: Er blickt konzentriert, gar entrückt in seine Pfanne. Er brät Fleisch, doch der Akt des Zubereitens ist für ihn nicht bloß eine Arbeit, die verrichtet werden will. Das Braten ist für den Mann eine rituelle Handlung, eine tiefgehend emotionale Tätigkeit. Der Koch ist glücklich, ruht vollkommen in sich selbst. Eigentlich eine schöne Vorstellung. Doch der Zuschauer ekelt sich. Denn er weiß, was sich in der Pfanne befindet. Es ist eine Lunge; eine menschliche Lunge, um genau zu sein.

Der Thriller-Fan kennt den Koch, wenngleich er hier in anderem Gewand daherkommt als gewohnt. Mads Mikkelsen spielt die, vor Jahren ikonisch von Anthony Hopkins verkörperte, Rolle des Dr. Hannibal Lecter, des meisterhaften

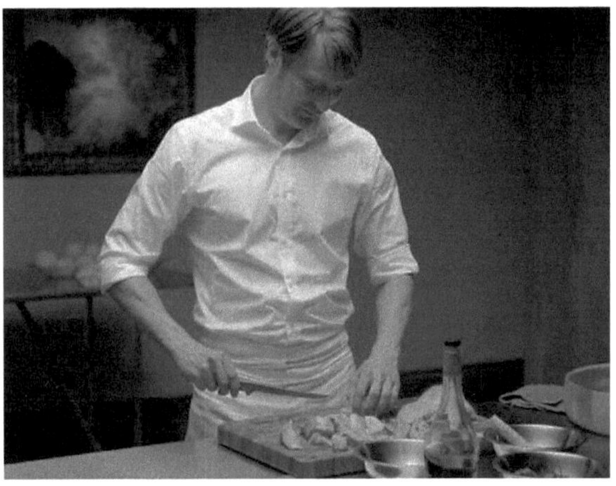

Abb.1: Der Kannibale bereitet sich sein Mahl. Filmstill aus »Hannibal«

Kannibalen der Romane Thomas Harris'. Mikkelsens kongeniales Spiel berührt uns, seine Figur fasziniert und widert an. In der Gestalt Hannibals treffen zwei Welten zusammen: Der kultivierte, hochintelligente Psychiater stößt auf das abgrundtief Verdorbene, das Barbarische, das vielleicht größte Tabu einer nach wie vor christlich geprägten Wertegemeinschaft: das Verzehren des menschlichen Fleisches. Kannibalismus. Wenige Worte sind so sehr mit Abscheu belegt wie dieses. Ein Mord ist schlimm, ist tragisch, doch wenn er zu einem kannibalischen Mord wird, dann erschüttert er das ganze Land.

Als bekannt wurde, dass Armin Meiwes, der »Kannibale von Rotenburg«, den 43-jährigen Bernd Jürgen Brandes mit dessen Einwilligung getötet und anschließend Teile der Leiche gegessen hatte, rollte eine Welle des ungläubigen Ekels durch Deutschland. Die Tat mag hier exemplarisch für mehrere Aspekte des Menschenessens stehen: Kannibalismus ist nicht fern, er ist genauso ein europäisches wie außereuropäisches Phänomen. Meiwes gab an, durch die Geschichte um Robinson Crusoe inspiriert worden zu sein; dort wird der Kannibalismus von »Wilden« praktiziert, von Barbaren, von Gestalten außerhalb einer abendländischen Gemeinschaft. Noch heute verbinden wir Kannibalismus mit abgelegenen Südseeinseln, mit Stammesgesellschaften, die arglosen Touristen im Dschungel auflauern, um sie über ihren Feuern zu braten. Doch Meiwes verübte seine Tat in Rotenburg, mitten in Deutschland, im Herzen Europas.

Bis ins Mittelalter hinein gehörten kannibalische Rituale zur europäischen Geschichte, im

Dreißigjährigen Krieg sind unzählige Fälle von Hungerkannibalismus dokumentiert und noch heute kennt die Psychoanalyse den Wunsch nach dem Verzehr von Menschenfleisch zu Genüge. Dem Kannibalen Meiwes ging es darum, die Identität seines Opfers anzunehmen, die vollkommenste, die intimste Art der Verschmelzung mit Brandes einzugehen. Der Getötete selbst hegte nun offenbar den Wunsch, gänzlich zu verschwinden, nichts sollte mehr an ihn erinnern.

Kannibalismus ist zutiefst psychologisch. Über das Essen von Menschen zu sprechen bedeutet, über die Vorstellung von Körper und Seele, über Leib- und Geistfeindlichkeit, das Verhältnis zwischen den Lebenden und den Toten, über Identitäten von Gruppen und Geschlechtern, über Jenseitsvorstellungen und den Umgang mit den Ahnen zu reden. Oder anders: Kannibalismus ist Teil der Kultur. So unangenehm uns das auch scheinen mag. Er stößt uns ab, er zieht uns aber auch an.

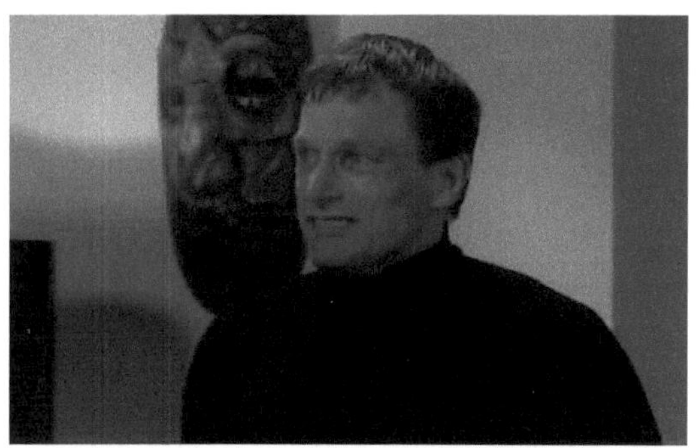

Abb. 2: Johann, der Kannibale. Filmstill aus »The IT Crowd«

Bei allem Ekel hat die Vorstellung, dass ein Mensch einen anderen verzehrt, auch etwas Faszinierendes. Ein verstörendes Faszinierendes zwar, aber doch mit einer gewissen Anziehung verbunden. Auch die Tat Armin Meiwes' fand rege popkulturelle Rezeption: So griff die Rockband »Rammstein« in ihrem Lied »Mein Teil« genauso den Mord auf wie das Death-Metal-Trio »Macabre« in ihrem Stück »The Wustenfeld Man Eater« oder die britische Sitcom »The IT Crowd« in der dritten Folge der zweiten Staffel »Moss and the German«. Kannibalismus ist also ein Thema, das uns nach wie vor bewegt.

Kannibalismus kann vieles sein; eine allgemeingültige Definition ist schwierig zu finden, dennoch hat die Wissenschaft zahlreiche Kategorisierungsvorschläge vorgelegt. So legte der Kulturwissenschaftler Ewald Volhard 1939 eine Studie vor, in welcher er profanen, gerichtlichen, rituellen und magischen Kannibalismus beschreibt.

Etwa 30 Jahre später heißt es dann im »Handbuch zur Ur- und Frühgeschichte« von Jan Filip, dass zwischen rituellem, mystischem, pathologischem und ganz allgemein der Ernährung dienendem Verzehr von Menschenfleisch unterschieden werden müsse. Die neuere ethnologische Forschung beschäftigt sich nun mit sozialen Komponenten des Kannibalismus. Eine gänzlich andere Antwort auf die Frage, was denn Kannibalismus sei, würde schlussendlich vermutlich ein Psychoanalytiker geben. Von Einigkeit fehlt jede Spur – eine solche wird es vermutlich nie geben. Allein die Herkunft des Begriffs Kannibale ist unstrittig, wie wir später sehen werden.

Als Volhard seine umfassende Monographie zum Phänomen präsentierte, sparte er dabei wie selbstverständlich Europa als Raum seines Vorkommens aus. Anders als andere Forscher vor ihm, interpretierte Volhard Kannibalismus dabei nicht als bloßen barbarischen Akt, sondern als kulturelle Errungenschaft. Analog dazu, so heißt es im Vorwort der monumentalen Studie, habe er nur diejenigen Fälle von Kannibalismus aufgenommen, die »zur Sitte, zum festen Bestandteil einer Kultur geworden« seien (Volhard 1939: XV). Dies bedeutet im nächsten Schritt, dass Kannibalismus nach Volhard eben *kein* Bestandteil der europäischen Kultur ist. Dass eine solche Argumentation zu kurz greift, soll nachfolgend gezeigt werden. Zunächst wollen wir uns aber einmal der Historie des Phänomens zuwenden und eine Reise in die Vergangenheit wagen.

Vor langer Zeit

Die frühesten belegbaren kannibalischen Handlungen reichen bis weit in die Urgeschichte zurück. Das Wort »Kannibale« selbst ist allerdings deutlich neueren Ursprungs und taucht erst im

Kontext der Entdeckungsreisen Christoph Kolumbus' auf, doch dazu später mehr. Unsere frühesten Vorfahren praktizierten offenbar bereits das Verzehren von Artgenossen, was sich unter anderem in Ursprungsmythen verschiedenster Kulturen widerspiegelt. So basiert ein wesentliches Element der griechischen Mythologie darauf, dass Zeus dafür sorgt, dass sein Vater Kronos seine soeben verzehrten Kinder wieder ausspeit. Ohne diese Tat wäre das Götterpantheon der alten Griechen vermutlich ziemlich leer. Symbolisiert der Titan Kronos (römisch: *Saturn*) hier die alles verschlingende Zeit, stellt die Überlieferung des Altertums den Kannibalismus an anderer Stelle bereits als ein Relikt, als Teil einer überwundenen Kulturstufe dar; etwa in Gestalt des einäugigen Riesen Polyphem der »Odyssee« Homers, der – obwohl körperlich weit überlegen – aufgrund seines mangelnden Intellekts kein Gegner für den listigen Odysseus ist.

Hierin finden sich bereits Anfänge eines gewissen Ethnozentrismus, der bestrebt ist, alles außerhalb der eigenen Kultur als minderwertig zu brandmarken, und dafür besonders gern

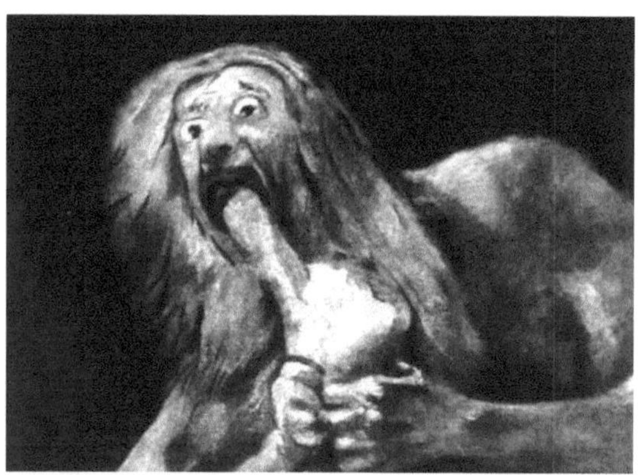

Abb.3: Saturn frisst seine Kinder, Francisco de Goya, 1821–1823

Tabubrüche nutzt, markieren diese doch den Fremden ziemlich drastisch als *anders*.

Im Mythos um das Geschlecht der Atriden (alternativ auch: *Tantaliden*) schließlich findet der Kannibalismus des Altertums seinen wohl bekanntesten literarischen Niederschlag: Der Stammvater der Familie, Tantalos, war ein allseits für seine Klugheit geachteter Halbgott. Doch eines Tages wurde der schlaue Mann zum Gastmahl bei den Göttern eingeladen. Hier stahl er in seiner Überheblichkeit Nektar und Ambrosia von deren Tafel, was Zeus und seine Genossen natürlich gar nicht gut aufnahmen. Aber es kam noch schlimmer: In seinem Übermut – im Mythos übrigens als typisch menschliche Schwäche präsentiert – entwendete er ebenso einen goldenen Hund und teilte gar mit Sterblichen die Geheimnisse der Götter!

Irgendwann schien Tantalos dann seine Überlegenheit nachhaltig beweisen zu wollen, denn er lud Zeus und die anderen Olympier zu sich in seinen Palast zum Essen ein. Er wollte allen Anwesenden zeigen, dass die Götter nicht allmächtig seien. Also ließ er kurzerhand seinen eigenen Sohn Pelops töten und den Gästen auftischen. Alle Götter (bis auf Demeter, die ein Stück Schulter verzehrte) erkannten den Frevel sofort – Tantalos wurde in die Hölle verbannt. Die Untat des Stammvaters führte zum Fluch des ganzen Geschlechts: Der Frevel des Kannibalismus setzt sich genealogisch immer weiter fort.

So belebten die Olympier zunächst den bedauernswerten Pelops wieder, welcher seinerseits zwei Söhne zeugte: Thyestes und Atreus. Ersterer raubte seinem Bruder einen goldenen Widder. Atreus nahm schreckliche Rache, indem er die

Kinder des Thyestes tötete und sie seinem ahnungslosen Bruder als Mahl vorsetzte – die Untat des Stammvaters wiederholt sich.

Hexenessen und Abendmahl

Unter christlich-theologischen Gesichtspunkten ist Kannibalismus ein Tabubruch, ein, vielleicht gar *das* spezifische Kennzeichen des Nicht-Christlichen.[1] So führt bereits das altenglische Heldenepos »Beowulf« das Monster Grendel schon allein dem Namen nach als einen potentiellen Menschenfresser ein – *grindan* bedeutet *zermalmen* und *grennian* die *Zähne fletschen*. Noch dazu wird die Kreatur als Nachfahre des Brudermörders Kain entlarvt, womit Grendel auch gleich einen zweiten Frevel abdeckt.

In der »Capitulatio de partibus Saxoniae« ist vom Brauch des Hexenessens zu lesen. Die Capitulatio, ein wahrscheinlich 782 während der Reichsversammlung an den Lippequellen von

[1] Wenngleich er in Form des Abendmahls an zentraler Stelle auftaucht, wie wir unten sehen werden.

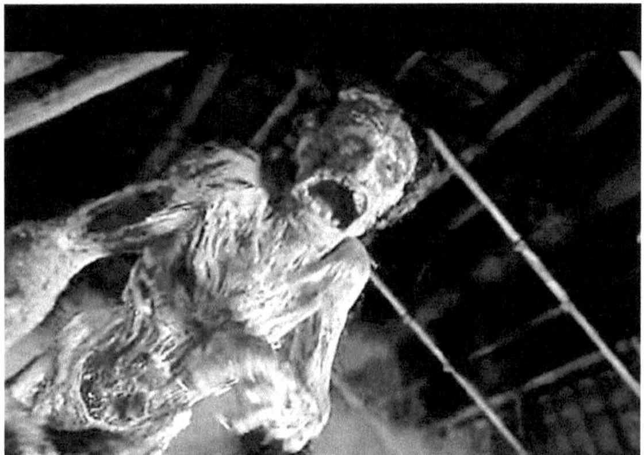

Abb. 4: Filmische Inszenierung des Monsters Grendel. Filmstill aus »Beowulf«

Karl dem Großen erlassener Gesetzestext, sieht im sechsten Kapitel das Folgende vor:

»Wer vom Teufel verblendet nach Weise der Heiden glaubt, es sei jemand eine Hexe und fresse Menschen und diese Person deshalb verbrennt oder ihr Fleisch durch andere essen lässt, der soll mit dem Tode bestraft werden.« (Zit. n. Vordemfelde 1923: 149).

Diese Passage beinhaltet gleich zweierlei kannibalische Perspektiven – erstens wird von Hexen geschrieben, die Menschen essen, zweitens aber auch von Menschen, die Hexen verzehren.

Die Capitulatio Karls entstand in dem Bemühen, die heidnischen Sachsen – die Karolinger führten jahrzehntelang Krieg gegen ihre östlichen Nachbarn – in die christlich geprägten Rechtsvorstellungen des Karolingerreichs zu integrieren. Es spricht also einiges dafür, davon auszugehen, dass die zitierte Passage auf einen Brauch Bezug nimmt, von dem die karolingischen Gelehrten annahmen, dass er bei den Sachsen praktiziert wird oder zumindest wurde. Der Kannibalismus ist also auch hier etwas zutiefst Nicht-Christliches; etwas, das den Sachsen mit aller nötigen Härte ausgetrieben werden muss.

Das gesamte Mittelalter (und auch die Frühe Neuzeit) hindurch findet sich häufig das Bild der sich dem Teufel darbietenden Hexe, die menschliches Fleisch verzehrt, um ihre Lust zu steigern – ein Teil paganer Kultur, der sich so im christlichen Glauben als Tabu fortsetzt.

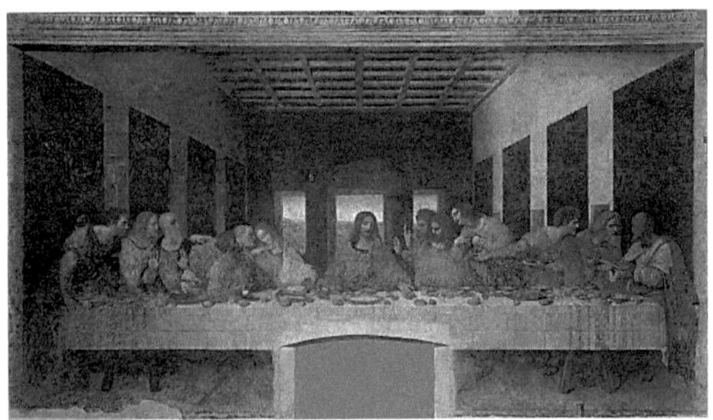

Abb. 5: Das Abendmahl, Leonardo da Vinci, 1494–1498

Nichtsdestotrotz ist der Kannibalismus auch im Mittelalter Teil der europäischen Kultur, ist nicht bloß schauerliche Erscheinung vermeintlich barbarischer Heidenvölker der Peripherie. Letzten Endes ist das christliche Abendmahl nichts anderes als ein ritueller kannibalischer Akt, wenngleich hier ein wenig zwischen katholischem und evangelischem Ritus unterschieden werden muss. Nach katholischer Sicht verwandelt sich das Brot tatsächlich in den Leib Christi, evangelische Christen verstehen die Transformation als symbolisch. So oder so, das Abendmahl (das katholische deutlicher als das evangelische) ist eine kannibalische Praktik:

»Jesus, der Herr, nahm in der Nacht, in der er ausgeliefert wurde, Brot, sprach das Dankgebet, brach das Brot und sagte: Das ist mein Leib für euch. Tut dies zu meinem Gedächtnis! Ebenso nahm er nach dem Mahl den Kelch und sprach: Dieser Kelch ist der Neue Bund in meinem Blut. Tut dies, sooft ihr daraus trinkt, zu meinem Gedächtnis! Denn sooft ihr von diesem Brot esst und aus dem Kelch trinkt, verkündet ihr den Tod des Herrn, bis er kommt.« (1 Kor 11, 23–26).

Über eine solche Lesart kann intensiv gestritten werden – ihrem Wortsinn nach verweist die zitierte Passage aber deutlich auf eine kannibalische Praktik.

Medizin

Weit weniger symbolisch geht es zu, wenn von einem europäischen medizinischen Kannibalismus die Rede ist. So wurde bereits im alten Rom das Blut von Gladiatoren getrunken, um Epilepsie zu bekämpfen. Auch in einer späteren, einer christlich geprägten Gesellschaft war ein medizinischer Kannibalismus lange Zeit Teil menschlichen Zusammenlebens – je nachdem, welchen Historiker man fragt, finden sich derartige Spuren bis ins 18. Jahrhundert hinein.

Scharfrichter etwa besserten lange Zeit ihr Einkommen durch den Verkauf von Körperteilen der Gerichteten auf. Man versprach sich die Heilung von allerlei Leiden durch die Benutzung menschlichen Fleischs. So verarbeitet man etwa Teile menschlicher Leichen zu Salben, die gegen Gicht helfen sollten. Der britische König Karl II. (1630–1685) soll täglich ein Destillat aus menschlichen Hirnen verzehrt haben. Die Idee, dass die Körper verstorbener Sünder heilende Wirkung hätten, fußt auf dem Glauben an die Einheit von Körper und Seele. Verleibte man sich nun einen geläuterten Sünder ein, so könne dies den eigenen sündigen Körper heilen.

Bereits recht früh dienten auch mumifizierte Leichname als Heilmittel. Der gute konservatorische Zustand der Toten verhieß eine besonders hohe Heilkraft.

Hunger

Auch wenn der Kannibalismus seit dem frühen Mittelalter, nämlich mit der Verbreitung christlicher Wertvorstellungen als eine Art abendländischer Leitkultur, tabuisiert ist, wurde er offenbar doch praktiziert – und dies nicht nur in medizinischen Kontexten So dokumentieren Chroniken Fälle, wo ein Rückfall in Kulturpraktiken vor der Missionierung zum Verzehr von Menschenfleisch führte.

Mittelalter und Frühe Neuzeit sind in Europa Epochen der Unsicherheit. Unsicherheit hinsichtlich politischer Stabilität, aber genauso in Bezug auf die bloße Existenz. Die Menschen lebten davon, was das Land ihnen gab, Missernten oder Kriege konnten Hungersnöte auslösen. Der Tod durch Verhungern war eine greifbare, eine immer präsente Gefahr. In solchen Situationen äußerster Not sind unzählige Fälle von Kannibalismus überliefert. Insbesondere während des Dreißigjährigen Kriegs sprechen die Quellen häufig davon, dass die Menschen in ihrer Not die kürzlich Verstorbenen wieder aus ihren Gräbern holten, um sie zu verzehren. So weiß etwa der Chronist Andreas Winckens für das Jahr 1620 zu berichten:

»Ich habe mir überlegt, diese Dinge ein wenig ausführlicher anzumerken, denn von diesem Krieg [dem Böhmischen Krieg] hat der Ruin ganz Deutschlands seinen Anfang genommen, und er ist anschließend so weit angewachsen, daß von da an vor allem in Böhmen, Mähren, der Pfalz und jenen Gegenden viele tausend Menschen durch das Schwert gefallen sind und durch Hunger die Toten, längst Bestatteten und Stinkenden von den Lebenden nachts heimlich aus den Gräbern gestohlen und von den Hungernden verschlungen wurden.« (Zit. n. Fulda 1996: 143).

Ähnliche Berichte finden sich vielerorts, wobei häufig eine moralische, ja eine diffamierende Konnotation mitschwingt. Die zumeist geistlichen Verfasser der Berichte nutzen den Vorwurf des Kannibalismus, um das Bild einer gänzlich verrohten Gesellschaft zu zeichnen, die durch den Schrecken des Kriegs in eine frühere Kulturstufe zurückgefallen ist. Der nicht enden wollende Krieg als Resultat menschlicher Verfehlung straft die Gesellschaft und treibt sie zum Äußersten.

In Mittelalter und Früher Neuzeit ist das Verzehren anderer Menschen derart tabuisiert, dass es keine Möglichkeit der Sühne hierfür gibt. Normalerweise bietet die zeitgenössische Gesellschaft für alle denkbaren Verfehlungen passende Möglichkeiten der Buße – wer ein Brot gestohlen hat, der tue dies, wer sich des Ehebruchs schuldig gemacht hat, jenes, und so weiter. Dass es für den Akt des Kannibalismus einen derartigen Ausweg nicht gab, stürzte die Verfehlten oftmals in eine tiefe Krise. Die aus der Not geborene Verzweiflungstat verfolgte die Menschen ihr ganzes restliches Leben, ließ sie nie zur Ruhe kommen. Auch der Freitod war kein Ausweg, wenn man sich nicht noch eine weitere Todsünde aufladen wollte.

Aber auch die weit jüngere Vergangenheit kennt zahlreiche Formen des Hungerkannibalismus. Kürzlich etwa inszenierte der Abenteuerfilm »In the Heart of the Sea« (2015) den Untergang des Walfängers *Essex* im Jahr 1820 – das Schiff wurde von einem Wal versenkt (der Fall wurde später im Übrigen zum Vorbild des weltberühmten »Moby Dick«), die Überlebenden trieben wochenlang auf dem offenen Meer. Als die Nahrung lange zur Neige gegangen war, zogen die Männer Lose, um zu bestimmen, wer von ihnen von den anderen getötet und verzehrt werden würde.

Ein anderer Teil der Welt, einige Jahre nach dem Untergang der *Essex*: Ein Siedlertreck zieht durch die Sierra Nevada. Mitten im Winter 1846 gehen 87 Männern und Frauen auf ihrem Weg in ein neues Leben die Vorräte aus. Durch den tiefen Schnee ist ein Weiterkommen unmöglich. Als

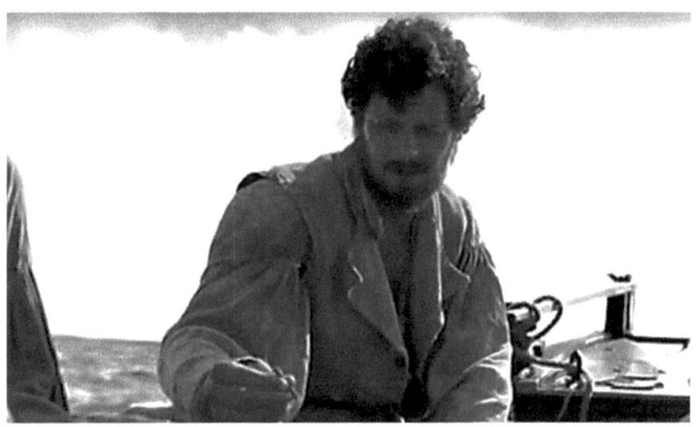

Abb. 6: Die Überlebenden ziehen Lose. Filmstill aus »In the Heart of the Sea«

die Vorräte verbraucht und alle Tiere geschlachtet sind, greifen die Menschen zum Äußersten und essen die Verstorbenen.

Ein letztes Beispiel: Am 13. Oktober 1972 stürzt in den Anden ein Flugzeug des uruguayischen Militärs ab, an Bord befindet sich eine Rugby-Mannschaft nebst einigen Angehörigen des Teams. Die Unglückstelle liegt auf einem Berg in etwa 4000 Metern Höhe – ein Mensch dürfte die Region noch nie zuvor betreten haben. Es ist eisig kalt, kaum einmal steigen die Temperaturen über -30 °C. Gefangen in ihrem Kerker aus Hunger und Eis treffen die Überlebenden eine Entscheidung: Sie verzehren das Fleisch ihrer toten Teamkameraden und Angehörigen. Sie tun es, weil sie überleben wollen. Man geht überlegt zu Werke, entnimmt den Leichen die nahrhaftesten Stücke.

Als die Verunglückten schließlich gerettet werden, ist die Unsicherheit groß. Abseits der Zivilisation, in einem Raum außerhalb etablierter Werte griffen die Überlebenden zum Äußersten; die Wildnis schreibt ihre eigenen Gesetze. Doch nun, mit ihrer Rückkehr in die Zivilisation, wird die Welt mit ihrem Tabubruch konfrontiert.

Coche Inciarte, einer der Überlebenden, erinnert sich 40 Jahre später an den Kampf ums Überleben, an das Gefühl, die Toten zu essen: »Die Hand gehorchte anfangs nicht. Doch der Kopf zwang sie dazu. Bei manchen dauerte es etwas länger, bis er sie dazu zwang. Dann will der Mund nicht aufgehen und man kann es nicht schlucken. Aber nachdem wir es geschluckt hatten, dachten wir: Jetzt sind wir gerettet. Wir aßen nicht um satt zu werden, sondern um nicht zu sterben.« (Zit. n. Segador 2012).

Das Team hat zunächst Angst, über das zu sprechen, was sie zu tun gezwungen waren: »Als wir die Hubschrauber hörten, die kamen, um uns zu retten, kam auf einmal auch die Gesellschaft zurück mit ihren Tabus und allem was damit zusammenhing.« (Zit. n. Kloth 2007). Doch sie haben Glück: Anders als bei anderen Menschen in vergleichbaren Situationen akzeptiert die Welt den Tabubruch als notwendig. Die Tragödie ging als »Wunder in den Anden« in die Geschichte ein.

Nichtsdestotrotz müssen die Überlebenden selbst ihre Taten verarbeiten. Sie berichten dabei von unterschiedlichen Strategien. Eduardo Strauch etwa beschreibt die Extremsituation im Nachhinein als eine Zeit des puren Menschseins, des Daseins abseits der Schranken der Zivilisation. Er lässt offen, ob es der Absturz, die Zeit auf dem Berg oder der Kannibalismus ist, was ihn zum wahren Menschen gemacht habe:

»Manche von uns sagen im Rückblick, wir hätten uns entmenschlicht. Für mich ist es genau das Gegenteil. Noch nie davor war ich so sehr Mensch. Wir waren pure Menschen ohne irgendeine Maske unserer Zivilisation. Ich gehe jedes Jahr wieder auf den Berg und schüttele all die Verschmutzung der Zivilisation ab. Für mich ist das ganz klar.« (Zit. n. Segador 2012).

Auf der anderen Seite

Eine andere Lesart des Kannibalismus offenbart sich, wenn er in Zusammenhang mit dem Kolonialismus betrachtet wird. Bereits in der Antike beginnt der Glaube daran, in weit abgelegenen Regionen der Welt auf allerlei wundersame Völker treffen zu können. Die alten Griechen folgten

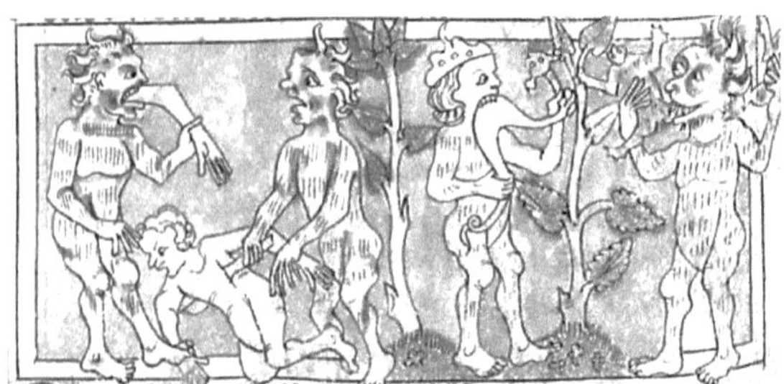

Abb. 7: Gog und Magog, die Menschenfresser am Rand der Welt, ca. 1310

bei der Bezeichnung dieser Wundermenschen dem Brauch, fremde Gemeinschaften nach deren Essgewohnheiten zu benennen. So konnte der antike Seefahrer etwa auf Schlangenesser oder Pferdemelker treffen – aber eben auch auf Menschenfresser. Im Mittelalter wurden solche Berichte über die Wundervölker vielfach rezipiert und einerseits in literarischen, andererseits aber auch in theologischen Werken behandelt.

Besonders die Alexanderdichtung, ein Sammelbegriff für die Vielzahl an literarischen Verarbeitungen des Feldzugs Alexanders des Großen, die sich im Mittelalter großer Beliebtheit erfreuen, nutzt die Wundervölker, um dem Held Alexander phantastische Wesen vorzusetzen. Die

Kreaturen sollten einerseits den Wunsch des Publikums nach Exotismus befriedigen, dienten andererseits aber durchaus als ein moralisches Spiegelbild des Feldherrn: So trifft Alexander zwar auf feindlich gesinnte Monster, ebenso aber auf die in absoluter Friedfertigkeit lebenden Brahmani, welche den Griechen moralisch weit überlegen sind.

Die Theologie thematisiert die Wundervölker unter christlichen Gesichtspunkten und fragt nach deren Menschlichkeit. Denn wenn jene Wesen Menschen waren – und nach Auffassung der meisten Gelehrten waren sie das –, dann fielen sie unter den christlichen Missionsauftrag, mussten also getauft werden.

Wurden viele der Wundervölker zwar als den europäischen Besuchern freundlich gesinnt dargestellt, konnte der Unbedarfte doch eben auch auf Kannibalen treffen – und dann wurde es wirklich unangenehm. Und eben jener Glaube an das Vorhandensein kannibalischer Gesellschaften am Rand der bekannten Welt wurde im Zuge des Kolonialismus instrumentalisiert.

Ihren Anfang nimmt diese Entwicklung mit der Entdeckungsreise des Kolumbus. Im festen Glauben, sich in Indien zu befinden, als er in der Karibik an Land geht, war der Kapitän davon überzeugt, auf Kannibalen stoßen zu können, denn die mittelalterliche Literatur verortete diese Zeitgenossen besonders auf den Inseln um Indien herum. Entsprechend überrascht ist Kolumbus, als die ersten Indigenen, die ihm begegnen, keinesfalls versuchen, ihn zu verspeisen: »Die Ungeheuer, welche die meisten erwartet hatten, fand ich hier jedenfalls nicht, sondern gutmütige und durchaus ehrfürchtige Menschen.« (Kolumbus 2000: 31).

Eine Ausnahme bilden jedoch die Bewohner einer ganz besonderen, in der Nähe gelegenen Insel: »Und so habe ich denn keine Ungeheuer erblickt und habe auch nirgendwo von solchen gehört, mit Ausnahme der Berichte über eine Insel mit Namen Carib, die zweite, die man auf der Überfahrt von Spanien nach Indien erreicht. Diese Insel bewohnt ein Volk, das von seinen Nachbarn für überaus grausam angesehen wird.

Die Bewohner von Carib essen nämlich Menschenfleisch.« (Kolumbus 2000: 31–33).

Interessant ist in diesem Zusammenhang die Beschreibung der äußeren Erscheinung der Indigenen. Während Kolumbus die Menschen, denen er begegnet, als von überaus schöner Gestalt beschreibt, ändert sich dies bei den Einwohnern von Carib. Die Kannibalen erscheinen vielmehr als monströse Mischwesen, als Kreaturen mit menschlichen Körpern und den Köpfen von Hunden.

Erklären lässt sich dieser Wandel mit dem im Mittelalter vorherrschenden Verständnis von Schönheit. So verstand man – im Rückgriff auf die Lehren des Pythagoras – zumeist dasjenige als schön, was im richtigen Maß geformt war. Bereits Aristoteles beschrieb in seiner »Nikomachischen Ethik« einen wohlproportionierten Körper als Marker sittlicher Tugend. Es lag nun also nahe, das moralisch Gute mit dem körperlich Schönen sowie das Verkommene mit dem körperlich Hässlichen zu verbinden. Im 13. Jahrhundert hält der italienische Scholastiker Bonaventura fest, dass nur derjenige wahrhaft glänzen könne, dessen moralische Qualitäten sich auch in einem schönen Körper bemerkbar machten.[2]

Auf Carib schienen also Menschenfresser zu leben. Aus diesen wenigen Zeilen – ob nun der Wahrheit entsprechend oder nicht – erwuchsen zwei, für die Geschichte des Kannibalismus ganz wesentliche Dinge. Erstens: Das Kind bekam einen neuen Namen. Bis zur Reise des Kolumbus bezeichnete man Kannibalen als *Anthropophagen,* also wörtlich »Menschenesser«, und entsprach damit der alten griechischen Benennung. Durch die Verbindung der Caribe mit der Anthropophagie entstand *canibal* als Bezeichnung für die Menschenfresser.

Zweitens: Das Vorhandensein von Kannibalen rechtfertigte eine Versklavung der Indigenen. Hier greift eine perfide Logik theologischer Argumentation. Das gesamte Mittelalter hindurch wurde diskutiert, ob die Wundervölker am Rand nun Menschen seien oder eben nicht. Nun kamen

---

[2] Anm.: Als Gegenbeispiel ließe sich allerdings die Gralsbotin Cundrie anführen, die trotz ihres monströsen Äußeren im »Parzival« als überaus weise und moralisch gut präsentiert wird.

die meisten Gelehrten zu dem Schluss, dass dem so wäre – analog dazu hätte man die Indigenen der *Amerikas* als Menschen sehen müssen, die dem christlichen Missionsauftrag unterlagen. Nach der Taufe wären sie demnach Christen und dürften entsprechend nicht versklavt werden. Ein Bedürfnis nach billigen Arbeitskräften auf den rasch aus dem Boden schießenden Plantagen und in den Bergwerken ließ die Eroberer jedoch des Öfteren auf einen Trick zurückgreifen: Wenn die Indigenen nun Kannibalen wären, dann hätten sie ihre Christlichkeit, ja ihre ganze Menschlichkeit verwirkt. Denn wer einen Menschen verzehrt, der ist kein Christ, der kann gar kein richtiger Mensch sein – die Rechtfertigung für eine Versklavung war geboren.

Man könnte Spaniern und Portugiesen allerdings eventuell zu Gute halten, dass dieses grässliche Verhalten durchaus kritisiert wurde. So predigte etwa der Dominikaner Antonio de Montesino am vierten Advent des Jahres 1510 auf Hispaniola, dass das Verhalten der Kolonialherren verabscheuungswürdig sei und jeglicher christlicher Wertvorstellung zuwider laufe.

In den folgenden Jahrhunderten begeistern und erschüttern immer wieder Berichte über angenommene Menschenfresser den abendländischen Leser. Die wohl am häufigsten aufgelegte Geschichte dieser Art ist der um 1557 unter dem Titel »Warhaftige Historia« erstmals erschienene Reisebericht des Landsknechts Hans Staden, der in portugiesischen Diensten zweimal Brasilien bereiste. Dabei, so will es seine Schilderung, sei

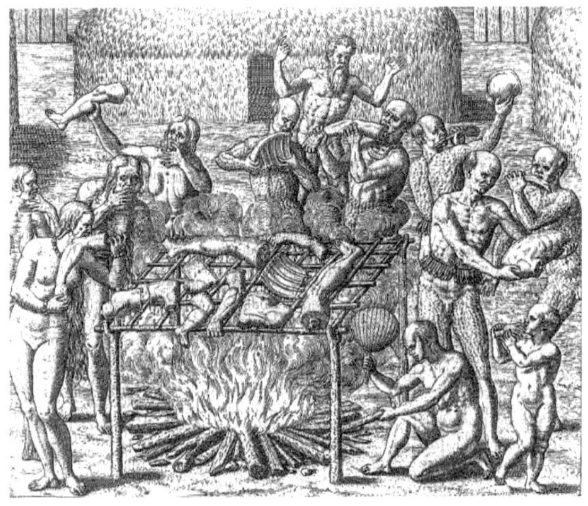

Abb. 8: Kannibalen in Brasilien nach der Beschreibung Hans Stadens, Theodor de Bry, ca. 1562

er in Gefangenschaft von Kannibalen geraten, denen er nur knapp zu entkommen vermochte. Er sei gar Zeuge geworden, wie man einen anderen Gefangenen geröstet und anschließend gegessen habe.

Derartige Berichte sind durchaus mit Vorsicht zu genießen. Bereits früh übten die *Amerikas,* die Neue Welt, eine umfassende Faszination auf die Westeuropäer aus. Eine Lust am Staunen, wie es die Wissenschaftshistorikerin Lorraine Daston einmal formulierte, kennzeichnet die frühneuzeitliche Gesellschaft. Als Reiseberichte vermarktete Geschichten von fernen Orten voller exotischer Tiere und Pflanzen, bevölkert vom »Edlen Wilden«, aber eben auch von Kannibalen, entwickelten sich zu Verkaufsschlagern. Schriften wie die von Staden sollten deshalb immer unter einem gewissen Vorbehalt betrachtet werden.

Nichtsdestotrotz lassen sich für verschiedene Kulturen der Amerikas kannibalische Praktiken belegen, als Beispiel mögen hier die Azteken dienen. Im überaus komplexen Götterpantheon dieser Ethnie nahm der Kriegs- und Sonnengott Huitzilopochtli eine wichtige Position ein, er war

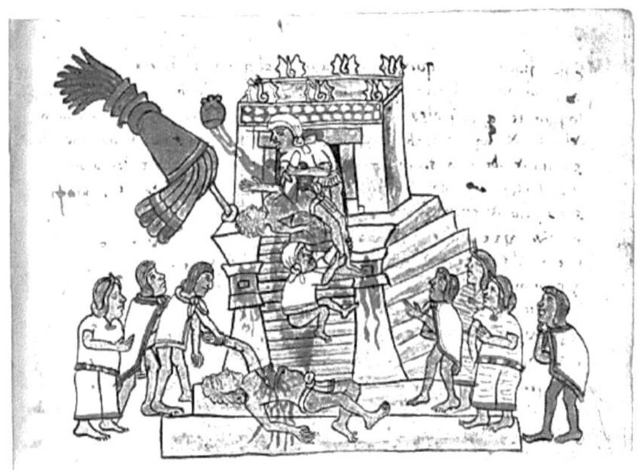

Abb. 9: Menschenopfer zu Ehren Huitzilopochtlis, »Codex Magliabechiano«, Mitte des 16. Jahrhunderts

unter anderem Schutzherr der Hauptstadt Tenochtitlán. Huitzilopochtli wurden Menschen geopfert, besonders Kriegsgefangene tötete man für ihn. Hierbei schnitten vier Priester auf einer Stufenpyramide den Brustkorb des Todgeweihten auf und entnahmen das Herz, welches sie dem Gott in einer Adlerschale darboten. Der Körper des Getöteten wurde die Stufen hinabgestoßen, wo geladene Gäste die Leiche verzehrten. Ein solches Mahl scheint nur bedeutenden Mitgliedern der Gesellschaft vorbehalten gewesen zu sein: Es galt als große Ehre, teilte man doch so das Fleisch mit einem Gott.

Totenkult und Dosenfleisch

Der mittelalterliche Mensch glaubte nun also an Kannibalen am Rand der Welt, an gefährliche Völker von Menschenfressern fernab jeglicher Zivilisation. Und heute? Auch in einer postmodernen Gesellschaft halten sich hartnäckig Vorstellungen von wilden Menschenfressern in den Dschungeln Südamerikas oder den Steppen Afrikas. Es ist tatsächlich richtig, dass verschiedene Ethnien lange Zeit kannibalische Rituale praktiziert haben – und einige es vielleicht auch heute noch tun.

Es wäre allerdings grundlegend falsch, nun entsetzt aufzuschreiben und diese Menschen als Monster zu brandmarken: Wir alle sind Produkte der uns umgebenden Kultur, der Werte und Normen, mit denen wir aufgewachsen sind. Nach christlichen Vorstellungen ist der Kannibalismus ein Tabu, ein Grenzübertritt sondergleichen. Das heißt aber nicht notwendigerweise, dass dies für alle anderen Kulturen auch gilt. Der Kannibalismus kann eben auch eine kulturelle Errungenschaft sein, wie Volhard schrieb. Ein Beispiel aus der jüngsten Vergangenheit:

Im Osten Papua-Neuguineas leben die Fore, eine etwa 20.000 Mitglieder zählende Ethnie. In der ersten Hälfte des 20. Jahrhunderts kursierte unter den Menschen dort die Prionenkrankheit Kuru. Nach einigem Hin und Her stellte sich schließlich heraus, dass sich die Erreger durch den Verzehr von Menschenfleisch verbreiten konnten. Die Fore praktizierten nämlich seit langer Zeit so genannte endokannibalische Rituale; das heißt, sie verzehrten Körperteile verstorbener Angehöriger. Der Kannibalismus ist bei den Fore demnach ein wichtiger Bestandteil des Totenkults. Wichtige oder schlicht lieb gewonnene Menschen werden durch den Verzehr ihres toten Fleischs von den Mitgliedern der Gemeinschaft in sich aufgenommen. Symbolisch werden sie so zum ewigen Bestandteil ihrer Familien, gehen eine untrennbare Verbindung ein.

Es ist also der Wunsch nach Nähe zu einem geliebten Menschen, der die Fore zu kannibalischen

Ritualen bringt. Der Verzehr von Menschenfleisch ist somit zentraler Bestandteil der dortigen Kultur. 1954 allerdings, als offenkundig wurde, was die Fore mit den Verstorbenen taten, wurden derartige Praktiken offiziell untersagt.

Eine Zuschreibung von Kannibalismus funktioniert aber auch andersherum: Genauso wie der Europäer dem Afrikaner oder dem Südamerikaner unterstellen mag, das menschliche Fleisch zu verzehren, kann dem Abendländer selbiges angedichtet werden. So berichtet der Ethnologe Ioan M. Lewis von seinen Feldforschungen in Sambia: Er hätte dort – aufgrund aufziehenden schlechten Wetters – einheimischen Passanten die Mitfahrt in seinem Jeep angeboten. Diese seien daraufhin regelrecht panisch geflohen. Auf Nachfrage bei Freunden habe man ihm mitgeteilt, dass viele Afrikaner glaubten, bei Europäern handle es sich um weiße Vampire, die den Afrikanern das Blut aussaugen.

Ganz ähnlich, nur in größerem Ausmaß, verhält es sich mit einem Fall im Kongo, wo besagte Vampirgestalt als »der Mann mit der Lampe« bekannt ist. Hier hatte eine europäische Firma Dosenfleisch angeboten, auf welchem als Werbestrategie ein afrikanisches Baby abgebildet war – das Produkt wurde offenkundig nicht zum Verkaufsschlager.

In Nordrhodesien (heute: Sambia) war Anfang der 1950er Jahre ebenfalls billiges Dosenfleisch auf den Markt gekommen, welches die Aufschrift »For African Consumption« trug. In einer politisch äußerst angespannten Lage schien das fatal: Die britische Regierung hatte geplant, Nord- und Südrhodesien mit Njassaland (heute: Malawi) zu vereinigen. Die Nordrhodesier fürchteten eine hieraus folgende »Herrschaft der Weißen«, welche sie im Süden bereits umgesetzt sahen. Sie verstanden das Dosenfleisch nun als Versuch der Europäer, ihren Widerstandswillen dadurch zu brechen, dass sie den Afrikanern Menschenfleisch vorsetzten.

Ein letztes (wenngleich drastisches) Beispiel: Ebenfalls Anfang der 1950er Jahre wurde in Njassaland ein Afrikaner vor Gericht gestellt, der versucht hatte, einem Europäer zwei Kinder zu verkaufen – und zwar als Weihnachtsessen.

Sittenmonster

Einen Heißhunger auf Menschenfleisch als Strategie der Diffamierung, als Mittel der Ausgrenzung nutzten nicht nur die Eroberer in den Amerikas, sondern auch die Menschen des vorrevolutionären Frankreichs am Ende des 18. Jahrhunderts. Hier beschuldigten verschiedenen Flugschriften den König Ludwig XVI. und seine Frau Marie Antoinette, nach dem Blut ihres Volkes zu dürsten.

Der Kannibalismus erscheint nun als eine politische Allegorie. Die Zuschreibung des Menschenessens geschieht hier, um den König und seine Familie zu verunglimpfen, der Regent wird als Monster dargestellt, das sich vom Leben seines Volkes nährt. Der Kannibalismus dient so als Metapher der Unterdrückung, prominentes Beispiel sind an dieser Stelle vielleicht die Ausführungen Karl Marx'. Im »Kapital« (1867) etwa finden sich häufig Phrasen wie den »Heißhunger« des Kapitalisten nach Mehrarbeit, einer »maßlosen Aussaugung der Arbeitskraft« oder der »blinden Raubgier« des Kapitals.

Der Kannibale verstößt gegen den Anstand, gegen das Gesetz, gegen jede Moral. Er steht außerhalb der Werte menschlichen (europäischen) Zusammenlebens. So gesehen kann er als politische Metapher dienen oder als Verbrecher gebrandmarkt werden, gleichsam aber auch als Projektionsfläche für Sehnsüchte dienen, als Ausbrecher aus den Zwängen einer als einengend empfundenen Gesellschaft. In diesem Sinne lässt sich etwa Minski in de Sades Werk »Juliette oder die Vorteile des Lasters« (1796) verstehen. Jenem menschenfressenden Zeitgenossen legt der Marquis die folgenden Worte in den Mund: »[...] ich bin genug [...] weise, [...] um alle Menschen zu hassen, ihre Kritik zu belachen, genug gebildet, um auf alle Religionen zu pfeifen, auf alle Götter zu scheißen, genug stolz, um jegliche Regierung zu vernichten. Ihre Gesetze, ihre Schranken zu durchbrechen [...]« (de Sade 1989: 198).

Trotzdem bleibt der Kannibale ein Verbrecher. Mit dem Aufkommen der Aufklärung verschwindet nun ein Teil des Interesses daran, in fernen Gegenden auf Menschenfresser stoßen zu können. Dafür leben die Kannibalen jetzt mitten unter uns; sie sind Monster, Monster wider die Sitten. Spätestens ab 1800 wird der Kannibalismus Teil eines psychologisch-kriminalistischen Diskurses, in dem ein neuer Typus des Verbrechers Einzug in Europa hält: das Sittenmonster.

Jene Bezeichnung geht auf den französischen Philosophen Michel Foucault zurück, der sich in seinen »Vorlesungen zum Anormalen« intensiv mit dem Monströsen auseinandergesetzt hat. Er nimmt an, dass im Kontext der Aufklärung und der Etablierung verschiedener neuer Wissenschaftsdisziplinen das Interesse daran geweckt wurde, das Innere von Verbrechern zu betrachten, ihre Taten wenngleich nicht verstehen, doch zumindest nachvollziehen zu können.

Psychoanalyse

Das verbrecherische Potential des Kannibalismus, das Nachgeben des Verlangens nach dem menschlichen Fleisch ist vor allem Untersuchungsgegenstand der Psychoanalyse. Nicht umsonst ist Hannibal Lecter praktizierender Psychiater!

Eine psychoanalytische Lesart des Kannibalismus hat zunächst Sigmund Freud in seinem Werk »Totem und Tabu« vorgestellt, wo er ihn zum Anfangspunkt sich entwickelnder Kulturen erklärt. Er vertiefte seine Untersuchungen in der Schrift »Drei Abhandlungen zur Sexualtheorie«. Freud kommt dort zu dem bemerkenswerten Schluss, dass der Kannibale nur diejenigen auffresse, die er liebe. Warum das?

Freud geht davon aus, dass das zentrale Element des Kannibalismus die Einverleibung sei. Eine Stufe der Sexualentwicklung ist seiner Meinung nach die orale Phase. Hier sei die Sexualtätigkeit noch nicht von der Nahrungsaufnahme getrennt: Das Objekt der ersten Tätigkeit ist auch das der zweiten, Sexualziel ist die Einverleibung des Objekts. In der Regel erreicht der Mensch im Zuge seiner Entwicklung eine neue Stufe, die es ihm ermöglicht, zwischen beiden Bereichen zu trennen – der Kannibale jedoch bliebe auf jener oralen Stufe stehen.

So oder so bleibt stets eine erotische Komponente des Essens bestehen, die etwa der italienische Schriftsteller Italo Calvino in seiner Erzählung »Sotto il sole giaguaro« (1986, dt. »Unter der Jaguar-Sonne«) thematisiert. Ein Paar bereist dort Mexiko, die beiden kennen sich schon lange, nur noch selten kommt es zum Geschlechtsverkehr. Dennoch führt das Paar eine überaus innige Beziehung, deren Nähe sich aber nicht aus Sex speist – es ist vielmehr der Akt des Essens, aus dem die Lust gleichermaßen erwächst und befriedigt wird.

Calvino macht die (körperliche) Liebe zu einem rein oralen Prozess, der im Lauf der Geschichte immer bizarrere Formen annimmt, denn in Mexiko treffen die Reisenden auf lang vergessen geglaubte kannibalische Riten der Azteken. Nicht zufällig taucht bei Calvino immer wieder die Einheit des Paares als zentrales Thema auf. Kannibalismus kann als die wohl innigste Form der körperlichen Vereinigung gelesen werden, als eine vollkommene Verbindung, als ein untrennbares

Band. So gesehen mag es als der größte Liebesbeweis gelten, den anderen Menschen für immer in sich aufzunehmen, ihn stets bei sich zu tragen.

Der Kulturwissenschaftler Thomas Kleinspehn hat Mitte der 1990er Jahre die These aufgestellt, dass es jene erotische Komponente des Kannibalismus sei, die das Menschenessen schon immer auszeichnete. Jener Aspekt ist seiner Meinung nach in früheren Zeiten durchaus offen zu erkennen gewesen, erst in der Neuzeit habe sich der Kannibalismus zu einem innerpsychischen Phänomen entwickelt. Bei einem Blick auf außereuropäische Kulturen mag dies durchaus plausibel erscheinen: Während die Fore ihre endokannibalischen Rituale bis in die 1950er Jahre hinein praktizieren, ist das Menschenessen in Europa tabuisiert. Dennoch bleibt tief in unserem Innern seine Faszination bestehen: der Wunsch nach Einverleibung eines geliebten Menschen hat etwas zutiefst Beruhigendes. Auch der Tod kann zwei Liebende nicht trennen, wenn der eine den anderen verzehrt; sie sind für immer eins.

Freud hat in vielen seiner Schriften herausgestellt, dass jegliche kulturelle Entwicklung einen

Triebverzicht voraussetze. Entwicklung bedeutet Einschränkung des menschlichen Wesens, so könnte es heißen. Tabuisiert werden insbesondere solche Triebe, die auf einen angenommenen Urzustand des Menschen zurückgeführt werden: Inzest, Mord und Kannibalismus. Im Kontext einer Selbstkonstituierung werden derartige Begierden, die zum Bestandteil des menschlichen Wesens gehören, durch das Erlernen kultureller Werte und Verhaltensmuster tabuisiert. Was bleibt, ist aber ein gewisses Gefühl des Verlustes.

Die bulgarische Literaturtheoretikerin Julia Kristeva hat mit dem Abjekt-Begriff eine Möglichkeit geboten, derartige Verdrängungsprozesse zu erklären. Mit dem Augenblick der Geburt tritt, so Kristeva, jeder Mensch in eine kulturelle Ordnung ein, die ihn von nun an formt. Dieser Prozess stellt das Neugeborene vor eine Herausforderung, es muss lernen, sich als ein von der Mutter getrenntes Individuum zu begreifen, ein *Selbst* zu entwickeln. Dies geschieht ganz wesentlich durch die Aufnahme kultureller Verhaltensmuster. All jene Triebe, die seiner erfolgreichen Selbstkonstituierung im Weg stehen, werden abgespalten.

Eine derartige Trennung gelingt nach Kristeva aber nie vollständig, sodass kulturell tabuisierte Dinge am Rand des Bewusstseins bestehen bleiben. Von jenem Rand aus erzeugt das Verdrängte, das Abjekte gleichzeitig ein Gefühl der Angst und eines des Verlusts. Angst, weil wir fürchten, durch ein Zurückfallen in entsprechende Verhaltensmuster in einen Zustand vor der Selbstwerdung zurückzufallen. Verlust, weil das Abjekte uns unter anderem immer daran erinnert, dass wir die Geborgenheit des mütterlichen Leibes für immer verloren haben.

Das Essen aus Liebe

Liebe geht durch den Magen, so könnte es heißen, wenn vom psychoanalytischen Potential des Kannibalismus gesprochen wird. Derjenige, der dem Drang nachgibt, einen anderen Menschen zu töten und anschließend zu verspeisen, handelt aus einer tief empfundenen Liebe.

So obskur dies klingen mag, deckt es sich doch mit Aussagen von Mördern, die sich genau solcher Verbrechen schuldig gemacht haben. Der hier schon thematisierte Armin Meiwes etwa gab an, mit seinem Opfer verschmelzen, es in sich aufnehmen zu wollen.

Kannibalische Phantasien betreffen häufig psychisch schwer gestörte Personen mit traumatischen Erlebnissen, insbesondere in der Kindheit. Der Verlust eines oder beider Elternteile, der Geschwister oder einer sonstigen Bezugsperson kann dazu führen, dass sich intensive Verlustängste entwickeln. Dies in Kombination mit einer nicht abgeschlossenen Sexualentwicklung mag bedingen, dass abjekt gesetzte Triebe zum Vorschein kommen und die eigentlich prägenden gesellschaftlichen Werte und Normen beiseiteschieben.

Größtenteils ohne verbrecherisches Potential bleibt der Kannibalismus als Fetisch, in dieser Form als das unerfüllbare Ziel sexueller Begierde. In entsprechenden Online-Foren ist von derartigen Wünschen zu lesen – allerdings geht dies in den allermeisten Fällen mit der Erkenntnis zusammen, dass ein solcher Fetisch bloße Begierde bleiben muss, der Wille zur Durchführung ist hier nicht gegeben.

Kannibalismus als Motiv

Irgendwie berührt uns der Kannibalismus, er widert an, er fasziniert. Diese Ambivalenz macht ihn zum perfekten Motiv einer literarischen oder filmischen Rezeption. Es ist vor allem das Thriller-Genre, das sich die psychologisch-verbrecherische Komponente des Kannibalismus zunutze macht. Bekanntestes Beispiel ist hier sicherlich Harris' Figur Hannibal Lecter und dessen filmische Inkarnationen. Der kannibalische Psychiater ist eine konsequent ambivalente Persönlichkeit. Auf der einen Seite steht der hochgebildete, kultivierte Kenner klassischer Musik und guter Weine, auf der anderen jedoch der bestialische, menschenfressende Aspekt seiner Persönlichkeit.

Grund für Hannibals kannibalische Neigungen ist ein traumatisches Erlebnis in seiner Kindheit: Der 1933 geborene Sohn einer litauischen

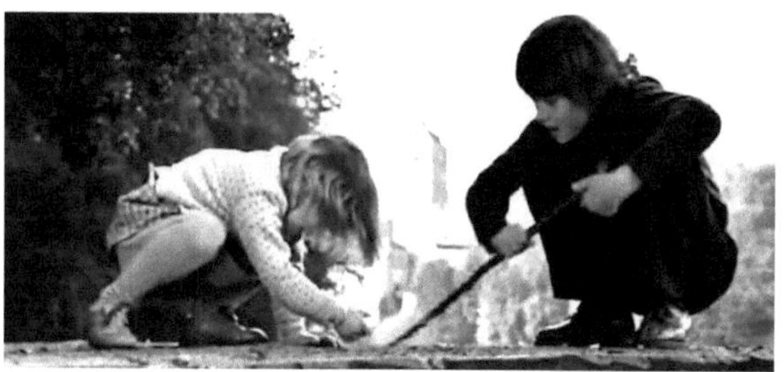

Abb. 10: Hannibal und seine Schwester in glücklichen Tagen. Filmstill aus »Hannibal Rising«

Adelsfamilie muss gemeinsam mit seinen Angehörigen von der elterlichen Burg fliehen, als diese 1944 von der Wehrmacht besetzt wird. Die Familie versteckt sich in einer Jagdhütte, bei einem Luftangriff sterben die Eltern und schließlich greifen litauische Kollaborateure das Versteck an. Die Männer wollen sich vor den vorrückenden russischen Truppen verstecken. Ein harter Winter bricht ein, die Vorräte gehen zur Neige und die Soldaten töten Hannibals Schwester. Das Mädchen wird gekocht und verzehrt, auch Hannibal wird mit dem Fleisch des Kinds gefüttert.

Hannibal ist kultiviert, Hannibal ist Kannibale. Er hat ein gleich zweifaches Interesse am Inhalt menschlicher Köpfe: Hannibal analysiert den

Verstand seiner Patienten und er verspeist das menschliche Hirn. Diese doppelte Form des Verzehrens, einmal auf einer übertragenen, einmal auf einer direkten Ebene, findet sich bereits beim römischen Gelehrten Quintilian im ersten nachchristlichen Jahrhundert. Jener vergleicht die großen, die kanonisierten Texte seiner Zeit, die jeder Rhetorikschüler zu studieren hatte, mit einem athletisch gebauten Körper, den man sich einverleiben solle. Die Lektüre wird zum Akt des Essens, der Verzehr des Athleten transferiert seine Fähigkeiten, die Kraft seiner Worte, auf den Schüler. Analog dazu heißt es im »Rammstein«-Song »Eifersucht«: »Bin ich mutiger, töte mich und iss mein Herz!«

Hannibal erhebt den Kannibalismus zu einer Kunstform, es geht ihm nicht um das bloße, um das gierige Verschlingen des menschlichen Fleischs. Der Akt der Einverleibung hat für ihn etwas Rituelles, etwas Künstlerisches. Für Hannibal ist der Kannibalismus Kultur, *Hoch*kultur, möchte man sagen. Der gebildete Psychoanalytiker, Philologe und Dante-Liebhaber lebt seinen Kannibalismus aus, hat ihn aber unter Kontrolle.

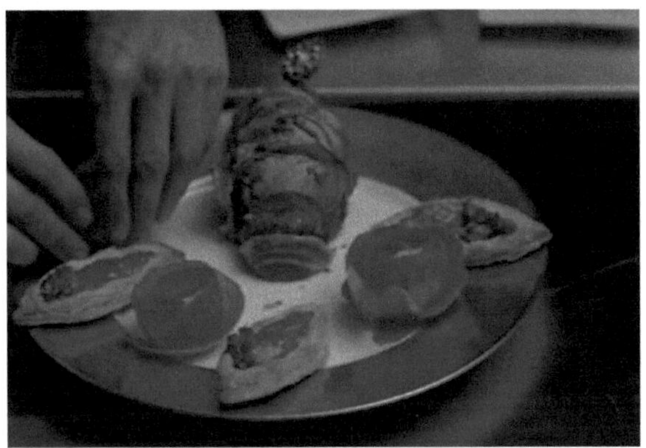

Abb. 11: Zum Dinner bei Hannibal. Filmstill aus »Hannibal«

Hannibal mordet, aber er mordet stets nach Plan. Er pflegt eine kannibalische Selbstkultur, das Begehren wird in Bahnen gelenkt und ausgelebt, nicht verdrängt.

Der grandiose popkulturelle Schocker »American Psycho« (1991) von Bret Easton Ellis dagegen inszeniert genüsslich die sexuellen Gewaltexzesse des Ich-Erzählers bis ins letzte Detail. Die sich immer weiter steigernde Gewaltorgie findet ihren Höhepunkt schließlich im Kannibalismus. Ellis' Roman lässt sich als mediale Reflektion einer Gesellschaft lesen, die dem Konsum keine

Schranken mehr auferlegt. Der Wallstreet-Broker Patrick Bateman wird so zum Symbol einer kapitalistisch-kannibalischen westlichen Konsumgesellschaft. Alles und jeder ist konsumbierbar und damit – ganz buchstäblich – auch der menschliche Körper.

Im Festa-Verlag ist kürzlich die deutsche Übersetzung des Romans »Dahmer's Not Dead« erschienen. Edward Lee erzählt dort, unterstützt von Elisabeth Steffen, die Geschichte des Serienkillers Jeffrey Dahmer weiter.

Dessen Fall hatte Anfang der 1990er Jahre in den USA für einiges Aufsehen gesorgt. Bis zu seiner Verhaftung im Sommer 1991 hat Dahmer vermutlich 17 Menschen getötet. An den Leichen nahm er nekrophile Handlungen vor, Teile der Ermordeten bewahrte er auf und verzehrte sie später. Dahmer war besessen von Verlustangst, er wollte seine Opfer, die er nach eigener Aussage stets liebte, für immer bei sich tragen. Hierfür wollte er sich eine Art lebendigen Zombie erschaffen, einen Liebesklaven, der ihn auf immer begleiten solle. Als dies nicht funktionierte, verzehrte er Teile der Toten, um sie in sich aufzunehmen, mit ihnen zu verschmelzen.

Auch Dahmers Taten lassen sich also als kannibalische Morde geboren aus dem Bedürfnis nach Liebe, nach menschlicher Nähe lesen. Obwohl mehrere Gutachten ihm Unzurechnungsfähigkeit bescheinigten, wurde Jeffrey Dahmer für schuldfähig befunden und zu fünfzehnfacher lebenslanger Haft verurteilt. Bereits 1994 erschlug ihn allerdings ein Mithäftling.

Lee und Steffen setzen nun an dieser Stelle an und erzählen die Geschichte eines vermeintlichen Nachahmungstäters, der sich als Dahmer ausgibt und weiter Morde verübt. Im Verlauf des Romans fließen die Vorstellungen eines vielleicht doch nicht toten Dahmers und eines Nachahmers allerdings immer weiter ineinander, sodass der Leser zwischenzeitlich selbst nicht weiß, wer nun die schrecklichen Taten verübt.

Lecter, Bateman und Dahmer sind nur drei von vielen möglichen Beispielen einer kannibalischen Motivaufnahme im Thriller-Genre. Der Serienkiller als Figur mag – ob nun kannibalisch oder nicht – als neuer Heros, als Held des 21. Jahrhunderts gelesen werden: Er »verkörpert das sich selbst ermächtigende Individuum an sich, er ist der neue ‚Übermensch', eine mythische Figur, die keine Grenzen respektiert, die ihre eigenen Regeln schreibt, die an das Tabu von Leben und Tod rührt [...]. Ob real oder fiktional wird er durch die Massenmedien zu einer Ikone stilisiert.« (Neubauer-Petzoldt 2011: 85).

Der (kannibalische) Mörder überschreitet Grenzen, bricht Tabus, gemahnt an einen Ausbruch aus den Zwängen einer möglicherweise als einengend empfundenen Gesellschaft. Seine Vorläufer findet er in der *gothic novel* des viktorianischen Englands. Bereits Robert Louis Stevenson beschreibt jenen Ausbruch in seinem genialen »Jekyll and Hyde« (1886). Im Innern des zurückhaltenden, angepassten Dr. Jekyll schlummert die Bestie Mr. Hyde, bereit hervorzubrechen und zu töten – *je kill and hide.*

Obiges Zitat verweist außerdem auf eine Notwendigkeit der medialen Inszenierung des Killers. Gleiches gilt für den Kannibalen: Der Grenzübertritt wird erst durch seine mediale Rezeption bekannt, Kannibalismus ist Transgression – doch dazu später mehr.

Während im Thriller besonders die verbrecherisch-psychologische Lesart des Menschenessens thematisiert wird, und Werke wie »American Psycho« oder »Hannibal« auf einem Nebeneinander von Ekel und Faszination beruhen, ist es im Horror-Genre besonders der Ekel, der den Kannibalismus auszeichnet.

Insbesondere die in B-Movies so beliebten Inzest-Familien des amerikanischen Hinterlands praktizieren dort Kannibalismus. Der Verzehr von Menschenfleisch dient hier – neben körperlicher Deformation und geistiger Inferiorität – als Marker für die inzestuöse Abkunft, die in Filmen dieser Art den Verfall der Menschlichkeit auslöst.

Werden die »Hillbillys« auch häufig durch eine allzu gierige US-Regierung, machthungrige Konzerne oder skrupellose Atom-Wissenschaftler scheinbar in ihr Schicksal gezwungen, symbolisieren sie doch einen doppelten Tabubruch: Sowohl der sexuelle Verkehr mit dem eigenen Fleisch und Blut als auch der Kannibalismus gehen christlichen Wertvorstellungen zuwider. So

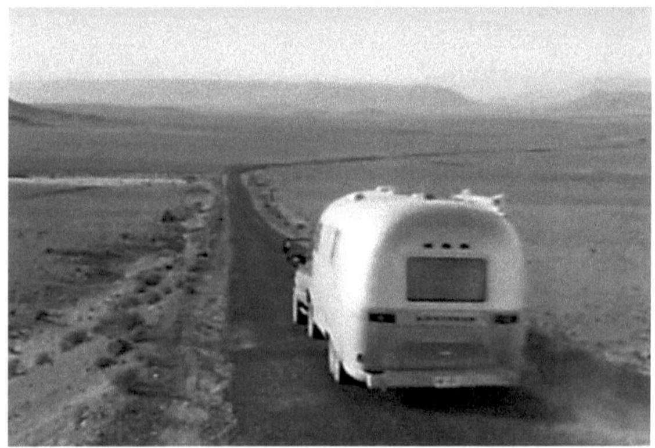

Abb. 12: Eine fatale Abkürzung. Filmstill aus »The Hills Have Eyes«

verwundert es auch nicht, dass es schließlich das wertkonservative Final Girl als Symbol vorehelicher Reinheit ist, welches das Massaker überlebt und die Degenerierten ihrer gerechten Strafe zuführt.

Als Beispiel mag hier »The Hills Have Eyes« (2006) dienen, ein Remake des gleichnamigen Originals Wes Cravens von 1977. Eine prototypisch-republikanische US-amerikanische Familie macht sich dort mit ihrem Wohnmobil auf eine Reise quer durch die Wüste New Mexikos. An einer Kreuzung erhalten sie von einem Tankwart den Rat, doch eine Abkürzung zu nehmen – ein fataler Fehler. Im wilden Hügelland, das die Familie nun durchfährt, lauern ehemalige Bergarbeiter, durch die Folgen von Nuklearwaffentests und Inzucht zu monströsen Kreaturen degeneriert. Diese »Hillbillys« dezimieren auf genretypische Art die Eindringlinge.

Den Marker des Unzivilisierten stellt der Kannibalismus des Öfteren in Inszenierungen einer postapokalyptischen Welt dar, einem Ort des Zivilisationsbruchs. Eine – häufig nicht näher spezifizierte – Katastrophe bringt die Menschheit an den Rand der Auslöschung. Nur langsam etablieren sich wieder Gemeinschaften: Überlebende, die auf eine bessere (oder überhaupt eine) Zukunft hoffen.

In Cormac McCarthys »The Road« (2006) wandern ein Mann und sein Sohn durch eine postapokalyptische Welt voller Gewalt und Barbarei. Die meisten Tiere sind ausgestorben, die Nahrungssuche stellt eines ihrer größten Probleme dar. Andere Überlebende – darauf verdichten sich die Hinweise – schrecken nicht vor Kanniba-

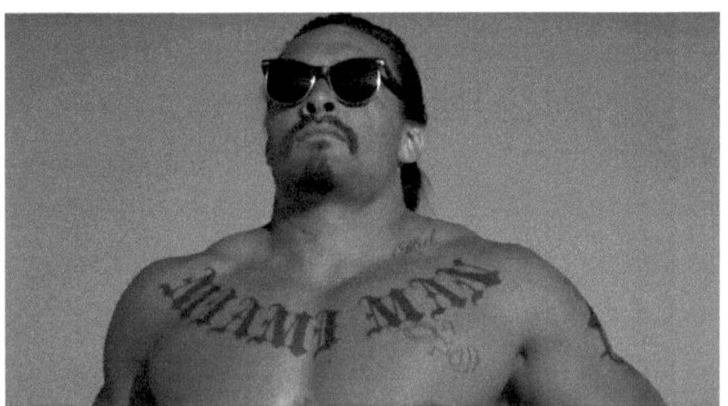

Abb. 13: Menschenfleisch macht kräftig: Jason Momoa als Kannibale. Filmstill aus »The Bad Batch«

lismus zurück, um ihren Hunger zu stillen. Während der Vater seinem Sohn mühsam menschliche Werte aus der Zeit vor der Katastrophe beizubringen sucht und die kleine Familie von Hunger geplagt wird, markiert der Kannibalismus anderer Überlebender den Zivilisationsbruch. Mit der Apokalypse fallen die Schranken der Gesellschaft, Werte und Normen haben keine Gültigkeit mehr. Der Kannibale ist in derartigen Inszenierungen somit ein Zeichen für das Nachgeben des Triebhaften, des Drangs zu Überleben. Es herrscht das Recht des Stärkeren; wer die Kraft hat, bemächtigt sich des Fleisches.

Parodistisch auf die Spitze treibt dies schließlich »The Bad Batch« (2016). Hier sortiert die US-amerikanische Gesellschaft ihre Verbrecher aus; sie werden in ein umzäuntes Areal mitten im Nirgendwo gebracht und sich selbst überlassen. Im der Ödnis herrscht gnadenlos das Recht des Stärkeren: So sind es ausgerechnet die fast schon wahnhaft dem Körperkult des Bodybuilding frönenden Kraftprotze, die schwächere Gefangene töten und sich einverleiben.

Transgression

Kannibalismus ist ein Tabubruch. Der Verzehr menschlichen Fleischs ist ein Stigma, ein Stigma des *Anderen*. Die Bezeichnung Menschenfresser impliziert etwas zutiefst Barbarisches; wer Menschen frisst, der bricht mit der Zivilisation, der überschreitet die Grenze von Kultur und Wildnis – so scheint es.

Bereits die Bezeichnung als Menschenfresser weist in eine solche Richtung. Denn: Fressen ist die unzivilisierte Art des Essens: »Wir fressen nicht, wir essen«, so ermahnen Eltern ihre Kinder. Das Essen verweist auf eine Stufe kultureller Entwicklung, wir unterscheiden uns durch unsere Esskultur von Tieren. So gesehen sollte uns nichts ferner liegen, als den Kannibalen als einen Menschen*esser* zu bezeichnen, sein Tabubruch markiert ihn doch scheinbar ganz klar als einen *Fresser*.

Die Zuschreibung des Kannibalismus, des Menschenfressens dient als Marker der Abgrenzung des *Eigenen* hin zum *Anderen*. Kannibalismus ist kulturfrei, ein Akt des Barbarischen. Der Kunsthistoriker Paul Drogla schreibt in diesem Zusammenhang: »Konkrete Ideen von Moral und Ethik verbieten ihn [den Kannibalismus] und stigmatisieren ihn als Unsitte. Wenn nun ein anderer, uns fremder Kulturkreis aber Anthropophagie kennt, toleriert oder gar wünscht, heißt es aus der Perspektive der Zivilisation heraus, dass es sich nicht um Kultur handele. Kannibalismus ist folglich kulturzersetzend funktionalisiert im Hinblick auf Fremdes und Unbekanntes und dient demgegenüber der kulturbestätigenden Selbstvergewisserung.« (Drogla 2013: 12f).

Denn: Die Etablierung eines unzivilisierten, eines kannibalischen, eines monströsen *Anderen* dient letzten Endes der Stabilisierung des eigenen Selbstbildes. Bereits seit der Antike ist eine dahingehende Tendenz zu verzeichnen, dass sich das ‚Abendland' selbst diskursiv ein Feindbild konstruiert, um für sich eine kulturelle Homogenität in Anspruch nehmen zu können, die in der Realität keinesfalls vorhanden ist.

Filmisch inszeniert wird diese abendländische Vorstellung des *Anderen* etwa im italienischen Kannibalenfilm. Das Tabuisierte, das der Europäer dem Fremden zuschreibt, um sein eigenes Selbstbild zu stabilisieren, wird hier auf die Leinwand gebracht. Als Vorläufer dieses Genres mag »Mondo Cane« (1962) betrachtet werden. Hier werden schockierende, ekelerregende Szenen aus aller Welt pseudo-dokumentarisch aneinandergereiht: Schlangen und Hunde als asiatische Delikatesse, blutige Selbstgeißlungen religiöser Fanatiker und fettleibige alte Männer im Fitnessstudio.

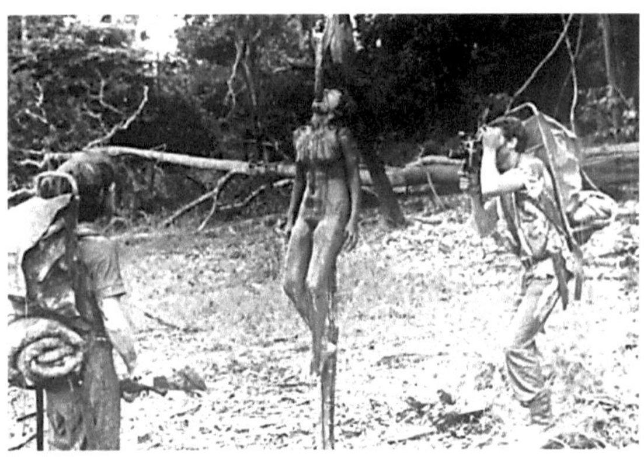

Abb. 14: Drastik allerorten. Filmstill aus »Cannibal Holocaust«

Als das Interesse an dieser Art von Unterhaltung Anfang der 70er Jahre allmählich nachließ, verband das man das pseudo-dokumentarische mit vermeintlichen kannibalischen Tabubrüchen außereuropäischer Ethnien und versah das Ganze mit einer mehr oder minder durchdachten Spielfilmhandlung. Erster dieser Filme ist »Mondo Cannibale« (1972). Auch hier betonten die Verantwortlichen immer und überall, wie authentisch doch die von ihnen inszenierten kannibalischen Rituale seien. Höhepunkt der Entwicklung – die übrigens als Vorläufer des italienischen Zombiefilms gilt – ist sicherlich »Cannibal Holocaust« von 1980, in deutscher Übersetzung »Nackt und zerfleischt« – den Holocaust im Titel wollte man zu dieser Zeit dem deutschen Markt offenkundig nicht zumuten.

In »Cannibal Holocaust« finden sich die typischen Motive des Mondo-Films, daneben aber auch ein für das Genre überraschend durchdachter Plot: Der Anthropologe Harold Monroe reist an den Amazonas, wo er eine verschwundene Gruppe von Dokumentarfilmern wiederzufinden hofft. Das Team wollte dort – wen wundert es – eine Doku über Kannibalen drehen. Die Filmemacher gehen dabei mit äußerster Brutalität vor, sie wollen die vermeintlichen Kannibalen dazu nötigen, sie anzugreifen. Dafür zerstören die Fremden ein Dorf, brennen Hütten nieder, vergewaltigen gar die dort lebenden Frauen. Auch vor dem Pfählen Gefangener schreckt das vierköpfige Team nicht zurück. Schlussendlich werden alle von den aufgebrachten Dorfbewohnern ergriffen und aufs brutalste zerfleischt.

Der Film transportiert nun tatsächlich eine Spur von Kritik: Die Filmaufnahmen des Teams dokumentieren das schreckliche Treiben genauestens. Die Produktionsfirma will die Aufnahmen verwenden, man sieht erst davon ab, als am Schluss die Szenen gezeigt werden, in welchen die Filmemacher brutal getötet werden. Angewidert von solcher Bestialität und Profitgier verlässt Monroe am Ende des Films das Gebäude des Fernsehsenders mit den Worten »I wonder who the real Cannibals are?«

Das Fremde ist uns also gar nicht so fremd, wie wir es manchmal wünschen würden. Die Kannibalen sind unter uns, so haben wir es auf den vorangegangenen Seiten gesehen. Kannibalismus ist Teil europäischer wie außereuropäischer Kultur gleichermaßen. Sei es das Foucault'sche Sittenmonster, sei es die sexuelle Wunschvorstellung des Fetischisten, Kannibalismus ist präsent in einer abendländischen Gesellschaft.

Erneut bietet Kristevas Abjekt-Begriff das Fundament eines Erklärungsansatzes: Im Kontext einer Othering-Strategie schreibt der Europäer dem *Anderen* Dinge zu, die er als besonders abscheulich empfindet, die in einer abendländischen Gesellschaft besonders tabuisiert sind: Kannibalismus eben. Nichtsdestotrotz fasziniert uns das Tabuisierte, es rührt an etwas tief in uns. Abjekt gesetzte Verhaltensmuster sind stets ein Teil unseres Selbst, das Abjekte lauert am Rande unseres Bewusstseins. Es löst eine Abneigung in uns aus, es erzeugt Ekel und Aversion. Denn wir wissen, dass es hier um Dinge geht, die nicht sein dürfen, die von kulturellen Werten unserer Gesellschaft verboten, tabuisiert werden. Nichtsdestotrotz sehnt sich ein Teil von uns danach, diese Grenze zu überschreiten.

Mit der Abspaltung des Abjekten im Kontext der Selbst-Konstituierung geht ein Gefühl des Verlusts einher. Das Abjekte stellt nun für das Subjekt eine stete Versuchung war; die Einladung, in einen Zustand vor der Selbstwerdung zurückzufallen. Die Schranken der Zivilisation werden so durchbrochen, Zwänge und Regeln gelten nicht länger. Michel Foucault hat gezeigt, dass jenes Abjekte nicht allein auf einer Ebene der Selbst-Konstituierung beschränkt bleiben muss, sondern es ebenso kulturelle Segregationsprozesse bestimmen kann.

Der Kannibale fungiert dann als eine paradigmatische Figur des Ausschließenden, indem er gleichzeitig als Marker des Othering wie als Figuration eines latenten Begehrens der eigenen kulturellen Gruppe dient. So mag der kannibalische Mörder im Herzen Europas dem latenten Begehren in seinem Innern nachgeben oder der heimgekehrte Abenteurer von Menschenfresser tief in den Dschungeln Südamerikas berichten: Der Kannibalismus fasziniert uns, tief im Innern ist er ein Teil von uns.

Wie wir der den Kannibalismus wahrnehmen, kommt darauf an, wer wir sind, wie wir sozialisiert wurden – und wie das Kannibalische inszeniert wird. Kannibalismus überschreitet Grenzen, Kannibalismus ist Transgression. Letzteres meint aber nicht bloß den Bruch eines Tabus, nicht die Grenzüberschreitung allein, es geht vielmehr um die kulturelle Inszenierung derselben.

Denn: Nur »dort wo sie auffallen, wo ein Skandal die Abweichung markiert, kann man von einer Transgression sprechen. Folglich bezeichnet der Begriff weder nur den Akt der Grenzüberschreitung selbst, noch betrifft er ausschließlich das wahrnehmbare Phänomen. Er meint vielmehr dessen kulturelle Darstellung.« (Ebrecht/Effinger 2000: 10).

Eine Transgression kann somit nur von derjenigen Sphäre her als eine solche aufgefasst werden, der sie nicht mehr angehört. Gleichzeitig verweist sie aber in einer ihr inhärenten Zeichenhaftigkeit auf dasjenige, was sie überschritten hat. Der Kannibale ist nicht mehr Teil der europäischen Kultur, durch den Akt des Einverleibens des menschlichen Fleischs überschreitet er eine Grenze, er wird aus einer kulturellen und sozialen Gruppe ausgeschlossen. Sein Tabubruch kann aber nur aus der Perspektive eben jener Gruppe heraus als ein solcher wahrgenommen werden. In dem Moment, in welchem der Kannibale das Fleisch verzehrt, verlässt er eine Gruppe und wird Teil einer anderen – eben einer, in welcher sein Tabubruch keiner mehr ist. Die Transgression des Kannibalen ist demnach aus seiner

Perspektive nicht mehr als solche wahrzunehmen.

Kannibalismus ist also eine Frage des Standpunkts. Und: Selbstverständlich ist Kannibalismus eine Frage der Inszenierung. Transgression meint zum einen das Ereignis, in unserem Fall den kannibalischen Akt, zum anderen aber eben auch die Art und Weise, wie jener dargestellt, wie er inszeniert, wie über ihn gesprochen wird. Nur wenn der kannibalische Tabubruch bekannt wird, kann er auch als ein solcher wahrgenommen, kulturell als solcher interpretiert werden.

Die Taten eines Mörders wie Jeffrey Dahmer werden kulturell inszeniert. Zeitungen berichten über das Werk des Killers, stellen Vermutungen über seine Identität an. Im Zentrum steht dabei aber stets (ganz publikumswirksam) der Tabubruch. Es ist nicht allein der Mord, der Dahmer zu einem Monster werden lässt, sondern noch viel mehr das anschließende Verzehren der Leichen.

Kannibalismus und europäische Kultur sind sich nicht so fremd, wie ein vorschneller Schluss vielleicht suggerieren mag – das haben die vorangegangenen Seiten gezeigt. Ist der Verzehr von Menschenfleisch auch seit dem frühen Mittelalter, einhergehend mit der großflächigen Verbreitung des Christentums, tabuisiert, wird der Kannibalismus doch nach wie vor thematisiert. Hierbei kann er symbolisch als Marker für das Verbotene dienen, er kann aber ebenso sexuelle Wunschvorstellung oder die Sehnsucht nach der Nähe einer geliebten Person sein. In der Popkultur dient er schließlich als Metapher – zum Beispiel für Konsumkritik. Seine wohl drastischste Erscheinungsform erhält er dann, wenn es tatsächlich zu einem Verbrechen wie dem Armin Meiwes' kommt.

Der Kannibale ist das ausgeschlossene *Andere,* und dennoch immer präsent. Er verweist auf gesellschaftliche Ängste und den uns allen innewohnenden Drang zum Tabubruch gleichermaßen. Die Kannibalen sind unter uns, oder mit den Worten Professor Monroes aus »Cannibal Holoaust«: »I wonder who the real Cannibals are?«

Literatur

Arend, Stefanie: Interkulturelle Begegnungen. Europäer und Kannibalen in der (Reise-)Literatur der Frühen Neuzeit: Von Kolumbus bis Wezel. In: Hans-Jürgen Lüsebrink (Hrsg.): Das Europa der Aufklärung und die außereuropäische koloniale Welt. Göttingen 2006. S. 326–354.

Brittnacher, Hans Richard; May, Markus: Kannibalismus/Anthropophagie. In: dies. (Hrsg.): Phantastik. Ein interdisziplinäres Handbuch. Stuttgart 2013. S. 384–391.

Brown, Jennifer: Cannibalism in Literature and Film. New York 2013.

Burkert, Walter: Aggression und Behagen. Die heiligen Schauer des Essens. In: Annete Keck, Inka Kording, Anja Prochaska (Hrsg.): Verschlungene Grenzen. Anthropophagie in Literatur und Kulturwissenschaften. Tübingen 1999. (= Literatur und Anthropologie 2). S. 243–256.

Conklin, Beth A.: Consuming Grief: Compassionate Cannibalism in an Amazonian Society. Austin 2001.

Daston, Lorraine; Park, Katharine: Wunder und die Ordnung der Natur. Köln 2003.

Drogla, Paul: Vom Fressen und Gefressen werden. Filmische Rezeption und Re-Inszenierung des wilden Kannibalen. Marburg 2013.

Ebrecht, Angelika; Bettinger, Elfi: Einleitungsessay. In: Querelles. Jahrbuch für Frauenforschung 5 (2000). S. 9–27.

Filip, Jan: Enzyklopädisches Handbuch zur Ur- und Frühgeschichte Europas. 2 Bde. Stuttgart 1966–1969.

Foucault, Michel: Die Anormalen. Vorlesungen am College de France. Frankfurt a. M. 2003.

Freud, Sigmund: Drei Abhandlungen zur Sexualtheorie. Berlin 1991.

Freud, Sigmund: Totem und Tabu. Hamburg 2014.

Fulda, Daniel: »Wann wir die Menschenfresser nicht in Africa oder sonsten/sondern vor der eigenen vor unserer Hausthür suchen müssen.« Hungeranthropophagie im Dreißigjährigen Krieg und der europäische Kannibalismusdiskurs. In: Hedwig Röckelein (Hrsg.): Kannibalismus und europäische Kultur. Tübingen 1996. (= Forum Psychohistorie 6). S. 143–175.

Heimann, Andreas: Exzess des Essens – Das Tabu der Anthropophagie und das Tabu des Genießens. In: Elisabeth Hollerweger u. Anna Stemmann (Hrsg.): Narrative Delikatessen. Kulturelle Dimensionen von Ernährung. Siegen 2015. S. 291–300.

Herz, Lina: Zwischen Gotteslob und Information. Wiederholungen des Kannibalismus in Hans Stadens „Wahrhaftig Historia". In: Rolf Parr (Hrsg.): Wiederholen/Wiederholung. Heidelberg 2015. S. 159–174.

Hogg, Gary: Cannibalism and Human Sacrifice. Gloucestershire 2007.

Kleinspehn, Thomas: Fressen und Gefressenwerden. Psychohistorische Überlegungen zum Kannibalismus. In: Hedwig Röckelein (Hrsg.): Kannibalismus und europäische Kultur. Tübingen 1996. (= Forum Psychohistorie 6). S. 233–250.

Kloth, Hans Michael: Die Kannibalen von Flug 571. In: Spiegel online, 16.10.2007.

Kolumbus, Christoph: Der erste Brief aus der Neuen Welt. Lateinisch – deutsch. Übers., komm. u. hrsg. v. Robert Wallisch. Stuttgart: Reclam 2000.

Kristeva, Julia: Powers of Horror. An Essay on Abjection. Berkeley 1984.

Künzel, Christine: Kannibalisches Begehren. Liebe, Erotik und der Wunsch nach Einverleibung. In: Claudia Benthien u. Ortrud Gutjahr (Hrsg.): Tabu. Interkulturalität und Gender. München 2008. S. 121–140.

Lewis, Ioan M.: Der Kochkessel der Kannibalen. In: Hans Peter Duerr (Hrsg.): Die wilde Seele. Zur Ethnopsychoanalyse von Georges Devereux. Frankfurt a. M. 1987. S. 370–382.

Maier, Christian: Festschmaus für Fans. Der italienische Zombiefilm. In: Michael Fürst, Florian Krautkrämer, Serjoscha Wiemer (Hrsg.): Untot. Zombie – Film – Theorie. München 2011. S. 85–96.

Meier, Jan Niklas: Wider die Kultur. Zum Wesen des Monströsen. In: ders.: Monster. Essays. Hannover 2017.

Menninger, Annerose: Die Macht der Augenzeugen. Neue Welt und Kannibalen-Mythos 1492–1600. Stuttgart 1995.

Mergenthaler, Volker: Völkerschau – Kannibalismus – Fremdenlegion. Zur Ästhetik der Transgression (1897–1936). Tübingen 2005.

Moldenhauer, Benjamin: Ästhetik des Drastischen. Welterfahrung und Gewalt im Horrorfilm. Berlin 2017.

Moser, Christian: Kannibalische Katharsis. Literarische und filmische Inszenierungen der Anthropophagie von James Cook bis Bret Easton Ellis. Bielefeld 2005.

Neubauer-Petzoldt, Ruth: Der Serienmörder als Künstler und Kunstobjekt. Der (Anti-)Held zwischen Identifikation, Deutung und Dämonisierung in dem Thriller »Red Dragon« (2002). In: Jörg van Bebber (Hrsg.): Dawn of an evil Millennium. Horror/Kultur im neuen Jahrtausend. Darmstadt 2011. S. 85–91.

Peter-Röcher, Heidi: Mythos Menschenfresser. Ein Blick in die Kochtöpfe der Kannibalen. München 1998.

Röckelein, Hedwig: Hexenessen im Frühmittelalter. In: dies. (Hrsg.): Kannibalismus und europäische Kultur. (= Forum Psychohistorie 6). Tübingen 1996 S. 29–60.

de Sade, Donatien-Alphonse-François: Juliette oder die Vorteile des Lasters. Berlin (u.a.) 1989.

Saupe, Anja: Kannibalismus und Kultur. Zu einer Poetik des Tabubruchs in der Fiktion – Drama, Comic und Film. Frankfurt a. M. 2011.

Scharold, Irmgard: Zur Definition des Monsters und des Monströsen. In: Peggy Große (u.a.): Monster. Fantastische Bilderwelten zwischen Grauen und Komik. Nürnberg 2015. S. 26–40.

Schröter, Susanne: Hexen, Krieger, Kannibalinnen, Phantasie, Herrschaft und Geschlecht in Neuguinea. Münster 1994.

Segador, Julio: Als Kannibalen verspottet, als Helden gefeiert. In: Deutschlandfunk Kultur, 31.10.2012.

Stiglegger, Marcus: Grenzkontakte. Exkursionen ins Abseits der Filmgeschichte. Berlin 2016.

Stiglegger, Marcus: Mumie. In: Hans Richard Brittnacher, Markus May (Hrsg.): Phantastik. Ein interdisziplinäres Handbuch. Stuttgart 2013. S. 432–435.

Stiglegger, Marcus: Terrorkino. Angst/Lust und Körperhorror. Berlin 2010.

Volhard, Ewald: Kannibalismus. Stuttgart 1939. (= Studien zur Kulturkunde 5).

Vordemfelde, Hans: Die germanische Religion in den deutschen Volksrechten. Erster Halbband: Der religiöse Glaube. (= Religionsgeschichtliche Versuche und Vorarbeiten 18/1). Gießen 1923.

Abbildungen

Abb. 1: Filmstill aus »Hannibal«
© National Broadcasting Company

Abb. 2: Filmstill aus »The IT Crowd«
© Channel 4 Television Cooperation

Abb. 3: Francisco de Goya: Saturn frisst seine Kinder
gemeinfrei

Abb. 4: Filmstill aus »Beowulf«
© Paramount Pictures

Abb. 5: Leonardo da Vinci: Das Abendmahl
gemeinfrei

Abb. 6: Filmstill aus »In the Heart of the Sea«
© Warner Bros

Abb. 7: Anonymous: Gog und Magog
gemeinfrei

Abb. 8: Th. de Bry: Menschenfresser in Brasilien
gemeinfrei

Abb. 9: Codex Magliabechiano, Menschenopfer
gemeinfrei

Abb. 10: Filmstill aus »Hannibal Rising«
© *Young Hannibal Productions*

Abb. 11: Filmstill aus »Hannibal«
© *National Broadcasting Company*

Abb. 12: Filmstill aus »The Hills Have Eyes«
© *Craven-Maddalena Films*

Abb. 13: Filmstill aus »The Bad Batch«
© *National Broadcasting Company*

Abb. 14: Filmstill aus »Cannibal Holocaust«
© *F. D. Cinematografica*